AF229089

# NOTICE BIOGRAPHIQUE

SUR

# M. DE MATHAN,

## MARQUIS DE MATHAN,

PAIR DE FRANCE, MARÉCHAL-DE-CAMP, CHEVALIER DE SAINT-LOUIS,
COMMANDEUR DE L'ORDRE ROYAL DE LA LÉGION
D'HONNEUR,

PAR

## M. LATROUETTE,

Docteur-ès-Lettres, ancien Professeur suppléant à la Faculté des Lettres de
l'Académie royale de Caen, Membre de plusieurs
Sociétés savantes.

CAEN,

IMPRIMERIE DE FÉLIX POISSON, RUE FROIDE, 18.

1841.

# NOTICE BIOGRAPHIQUE.

# NOTICE BIOGRAPHIQUE

SUR

# M. DE MATHAN,

## MARQUIS DE MATHAN,

PAIR DE FRANCE, MARÉCHAL-DE-CAMP, CHEVALIER DE SAINT-LOUIS,
COMMANDEUR DE L'ORDRE ROYAL DE LA LÉGION
D'HONNEUR,

PAR

## M. LATROUETTE,

Docteur ès Lettres, ancien Professeur suppléant à la Faculté des Lettres de
l'Académie royale de Caen, Membre de plusieurs
Sociétés savantes.

## CAEN,

IMPRIMERIE DE FÉLIX POISSON, RUE FROIDE, 18.

1841.

A Monsieur le Comte

# GEORGES DE MATHAN.

J'aurai bientôt l'occasion, mon cher enfant, de
relire avec vous, dans l'un de ces écrivains fameux,
avec la langue desquels vous commencez à vous
familiariser, un de ces passages qu'il vous im-
portera souvent de méditer, et que je veux dès
aujourd'hui expliquer avec vous. Ce passage, le
voici : « sæpe audivi civitatis nostræ præclaros

« viros solitos ita dicere, quum majorum imagi-
« nes intuerentur, vehementissime sibi animum
« accendi ; memoria rerum gestarum eam flam-
« mam egregiis viris in pectore crescere, neque
« prius sedari quam virtus eorum famam atque
« gloriam adæquaverit (1). » En étudiant ces
paroles de Salluste, il vous est facile de compren-
dre déjà, mon cher enfant, que si j'offre cette
Notice à votre amour filial, ce n'est nullement
pour flatter une vanité bien puérile, que c'est,
au contraire, pour commencer à vous faire mieux
sentir quels devoirs vous avez à remplir, et avec
quel zèle vous devez vous préparer à vous en ac-
quitter dignement. Oui, vous m'entendrez souvent vous dire et vous répéter, qu'à ceux-là à
qui la Providence a donné de naître d'une famille anciennement illustre, une double tâche est
imposée ; qu'ils ont d'abord celle qui est commune à tous et à chacun, de se rendre utiles et

(1) « J'ai souvent entendu répéter que les personnages illustres de
« notre patrie avaient coutume de dire qu'à la vue des images de leurs
« ancêtres, ils sentaient leurs cœurs embrâsés d'un amour plus vif
« pour la vertu ; que, par le souvenir des belles actions que réveil-
« laient ces images, cette noble flamme se développait dans l'âme
« de ces grands hommes, et qu'elle ne cessait de s'accroître que lors-
« qu'à force de vertu, ils avaient égalé la renommée et la gloire de
« leurs aïeux. SALLUSTE , *Guerre de Jugurtha.* »

de bien mériter de l'humanité par des exemples de vertu en tout genre, et par des services de tous les instants ; qu'en outre, ils ont cette autre de soutenir l'éclat de leur nom, et de le faire briller, s'il est possible, d'une splendeur plus vive et toute nouvelle. C'est là une de ces vérités éternelles que les leçons d'un père eussent de bien bonne heure inculquées dans votre esprit, et qu'il vous eût appris lui-même à mettre en pratique, si de plus longs jours lui eussent été accordés.

Mais puisque le Ciel l'a ravi sitôt à votre amour, je ne puis mieux faire, ce me semble, pour entrer dans ses vues, pour répondre à la confiance sans bornes dont il m'a honoré avec trop de bonté, que de vous donner cet enseignement, le seul solide, le seul vrai, qu'il vous destinait, en vous répétant sans cesse que vous ne devez rien négliger pour conquérir l'estime et la considération publique, qu'en conséquence il vous faut continuer de suivre avec une religieuse exactitude ces conseils de tous les moments, dont la mise en pratique fidèle doit vous assurer un résultat si légitimement ambitionné par la plus tendre comme la plus dévouée des mères. Ce sera en tendant de tous vos efforts vers un but si

louable que vous parviendrez peut-être à ressai-
sir ce que vous aviez à votre naissance, et que,
depuis, vous avez cessé d'avoir. Oui, mon cher
enfant, les honneurs politiques que vous assurait
la loi sous l'empire de laquelle vous êtes né, une
loi postérieure a voulu que vous ne puissiez y
parvenir que par votre propre mérite personnel.
Mais loin de vous laisser abattre par cette dispo-
sition legislative, vous ne vous en sentirez que
plus animé d'une vive ardeur pour reconquérir
par vous-même ce qui vous a été enlevé. Ce sera
une ressemblance de plus que vous aurez avec
celui dont vous sentirez davantage de jour en jour
la perte trop prématurée. Lui aussi était né avec
d'immenses priviléges que les circonstances devaient lui ravir bientôt; quoique dépouillé de
tant d'avantages de toute nature, il ne s'en est
pas moins consacré au service de son pays avec
tout le dévouement d'un noble cœur. A son exemple, vous saurez aussi réparer le préjudice porté
à un privilége de naissance, et comprenant qu'il
vous faut maintenant mériter personnellement
d'aller occuper le siége paternel, si vous voulez
vous y asseoir à votre tour, vous redoublerez de
zèle et d'efforts pour vous rendre vraiment digne
d'obtenir un jour, comme lui, une haute dis-

tinction. C'est donc uniquement pour vous encourager dans cette noble lutte, que je vous remets entre les mains cette Notice , qu'il m'a été permis de consacrer à la mémoire d'un père qui vous aimait avec passion, mais qui, néanmoins, ne voulait rien tant, que de vous voir vous préparer à porter avec honneur le nom antique qu'il vous léguait. « Vous le lui apprendrez, » m'a-t-il dit souvent et à diverses reprises , surtout, ce jour où il vous a remis entre mes mains, et où nous le voyions pour la dernière fois.

C'est donc aussi pour corroborer cet enseignement que j'ai mission de vous donner, que j'ai cru devoir ajouter à cette Notice biographique les noms de quelques-uns de vos illustres ancêtres (1), pour que leurs exemples embrâsent votre jeune âme du plus vif amour de la vertu ,

(1) Aux noms que vous allez trouver cités, et que j'ai choisis dans la ligne paternelle, j'aurais pu en ajouter d'autres que j'aurais pris dans la famille de Madame la Marquise, votre mère ; j'aurais eu alors à mentionner aussi une origine très-ancienne, puisque l'histoire cite un Jean d'Héricy qui vivait en 1380, et à vous nommer des personnages également illustres, un lieutenant-général des armées du roi, divers officiers supérieurs, etc. Je n'aurais fait que donner ainsi, si j'en eusse reconnu la nécessité, une nouvelle force à l'enseignement d'é-mulation que je me suis proposé de vous offrir en écrivant cette Notice, et en vous y rappelant quelques-uns de vos ancêtres qui ont illustré votre nom

comme s'embrâsait de cette grande et belle passion, dit Salluste, l'âme des anciens romains, à la seule vue des images de leurs nobles aïeux. Puissent ainsi se réaliser, avec le secours du Ciel, les vœux que forme pour vous celui qui s'efforcera sans cesse de vous maintenir dans le sentier du devoir, qui ne négligera rien pour vous y faire rentrer, si vous aviez jamais le malheur de vous en écarter, et qui, par là, vous prouvera toujours combien il vous est attaché de l'attachement le plus sincère et le plus dévoué!

LATROUETTE.

Au château de Cambes, Mars 1841.

# NOTICE BIOGRAPHIQUE.

M. Georges de Mathan, Marquis de Mathan,
Pair de France, né le 18 août 1771, au château
de Caen qu'habitait son père, Chevalier de Saint-
Louis, et dont son oncle était gouverneur, fut
d'abord élevé au collége de Juilly, où il commença à recevoir ces lecons fortes et suivies qui préparent les hommes. Ensuite, il fut confié aux soins
de M. l'abbé De La Rue qui, jeune encore lui-

même, promettait déjà cependant de devenir une des célébrités les plus notables de l'érudition moderne. Ce fut dès-lors que commença à se former entre le maître et le jeune élève cette amitié qui devait les honorer l'un et l'autre , et que la mort seule a pu rompre.

Sous la direction du savant précepteur , il sut acquérir assez promptement des connaissances variées , et se familiariser de bonne heure avec les modèles de la littérature ancienne , dont il se complaisait à s'entretenir encore avec goût comme avec délices, dans les dernières années de son existence , et qu'il se flattait de revoir bientôt avec son jeune fils.

Après avoir ainsi reçu une première instruction solide, il entre, à l'âge de 14 ans, à l'école des chevau-légers de la garde du roi, à Versailles. Là, son aptitude répond à son zèle , et lui mérite bientôt d'être nommé enseigne au régiment des gardes-françaises , grade qui lui donne rang de capitaine dans l'armée. L'avenir semble alors s'ouvrir tout brillant devant la bien légitime ambition du jeune officier, et lui promettre qu'il lui sera possible d'arriver aussi un jour aux honneurs dont sa famille, depuis près de sept siècles, paraît héréditairement investie, parce que le mé-

rite et le dévouement y apparaissent de tout temps
héréditaires. Il n'est encore que dans sa dix-sep-
tième année, et déjà une noble distinction venait
encourager son enthousiasme de jeune homme,
et le préparer, au besoin, à soutenir avec courage les épreuves auxquelles la France allait être
soumise. Bientôt, en effet, de graves atteintes
sont portées à l'antique royauté; ses droits comme ses priviléges sont méconnus, et présagent
sa ruine prochaine. Alors s'organise sur les bords
du Rhin une armée qui se promet de lutter avec
succès contre la tempête. Autour du drapeau ar-
boré sur les rives du fleuve se hâte d'accourir l'é-
lite de la noblesse. Le jeune enseigne au régi-
giment des gardes-françaises, qui était revenu
momentanément dans sa ville natale, se rend
bientôt à son poste ; il ne tarde pas à y obtenir
le grade de lieutenant qui équivalait à celui de
lieutenant-colonel dans l'armée ; et ses services
mériteront qu'un royal (1) souvenir en soit con-
servé à travers toute la multiplicité des vicissitudes les plus inouïes. L'une des plus rapprochées
de cette époque fut le licenciement de cette même armée du Rhin. Ce fut peu de temps après
que M. de Mathan retrouva son Mentor, qui,
laissant là, pour un instant, les manuscrits de

la Tour de Londres, était allé à la recherche de son digne élève. Le maître et le disciple réunis resserrèrent de plus en plus, au sein d'une communauté complète de ressources et de privations diverses, cette honorable intimité que déjà ils avaient contractée. Néanmoins, ils devaient se séparer de nouveau, l'un se vouant tout entier à la découverte des trésors ignorés de la vieille littérature anglo-normande, et l'autre étant appelé à poursuivre sa carrière militaire, sous l'inspiration d'un parent d'un nom également illustre dans nos fastes, M. de Lally-Tollendal.

Cependant, l'orage qui avait éclaté sur la France, et qui avait tout jonché de débris, s'étant un peu calmé, il fut possible de tenter d'apparaître au milieu de ces ruines, non pas toutefois sans danger encore; mais l'exil pèse d'un poids si lourd sur un cœur français, qu'on est bien excusable d'être téméraire pour revoir le sol de la patrie. M. de Mathan eut cette témérité, et elle eût pu lui coûter cher, si bientôt ne fût revenu des bords du Nil un jeune héros ramenant avec lui l'espérance, le calme, l'ordre et la sécurité, et apparaissant comme un sauveur; se confiant dans la gloire du guerrier, l'exilé croira pouvoir rentrer sans crainte dans sa province natale.

Ce fut alors que M. de Mathan revint à Caen, où le souvenir des services rendus par ses ancêtres, lui imposait de recueillir le glorieux, mais difficile héritage d'une haute influence. Quoique jeune, il paraît ne pas avoir manqué à cette noble mission. Le descendant de ces Lieutenants de roi des ville et château de Caen, qui, sous la vieille monarchie, se succédaient depuis plusieurs générations, compte à peine, en effet, 55 ans, et la confiance qu'il inspire, l'a mis, en 1804, à la tête de la garde nationale de la cité. Jaloux d'y répondre, le jeune colonel ne néglige rien pour concilier deux choses souvent inconciliées, établir partout la plus louable discipline et commander en même temps l'amour et l'affection la plus honorable pour sa personne : aussi ceux dont il est le chef, se complairont-ils à lui en offrir, en 1809, un témoignage flatteur qui, placé sous les yeux de son fils, saura lui rappeler sans cesse quel prompt attachement avait su inspirer son père, et l'animer lui-même, à son tour, de la plus vive comme de la plus louable émulation.

Deux ans après, M. de Mathan en reçut une nouvelle preuve éclatante dans cet empressement que chacun mit à répondre à son appel, lorsqu'il s'agit, en 1811, d'organiser la première compagnie des gardes d'honneur à cheval du Calvados. L'organisation en fut si prompte et si complète tout à la fois, que celui qui présidait alors aux destinées de la France, en fut étonné lui-même, lui que rien n'étonnait. Aussi, non content de répéter ici même, à Caen, à sa garde neustrienne combien il était content et de sa tenue et de son dévouement, et de lui donner une organisation définitive, en lui faisant remettre un étendard que bénit, avec toute la pompe religieuse, le savant abbé De La Rue, résolut-il d'attacher son chef de plus près à sa personne, en le créant *Chambellan*. En acceptant ce titre que lui conférait le grand-homme, en qui on ne voyait que le restaurateur de la patrie, et aux cendres duquel la France vient de rendre tant d'honneurs, M. de Mathan ne pouvait non plus qu'y voir un moyen sûr d'être utile à son pays. Chacun peut dire ici comme il a su l'employer; car nul ne fut plus animé du désir de rendre service : ils le savent surtout ceux-là qui furent ses compagnons d'armes dans les campagnes si meurtrières de 1813 et de 1814 où il parut d'abord comme colonel-major du 1er régiment des gardes d'honneur, et ensuite comme colonel-com-

mandant le 1ᵉʳ régiment provisoire de ces mêmes gardes. Ce fut à la tête de ce 1ᵉʳ régiment
formé des escadrons de chacun des autres, que
M. de Mathan, qui, dès 1812, avait été décoré de
la croix de la Légion d'honneur, se trouva aux
batailles sanglantes de *Wachau*, de *Leipsick*, et,
quelques jours après, à celle de *Hannau,* où les Ba-
varois se flattaient de couper toute retraite à l'armée française et de l'anéantir.

Les événements se précipitaient.

Celui devant qui tout s'était abaissé, devait
voir s'éclipser son éblouissante splendeur; un
descendant de Saint Louis était rappelé sur le
trône antique de ses pères.

Juste appréciateur des faits, le Monarque est
loin de condamner et de repousser quiconque,
en s'associant à la fortune du héros qui vient de
tomber, a su bien mériter de son pays; il sait
reconnaître et récompenser les services anciennement rendus comme ceux d'une époque plus
récente. Aussi s'empressa-t-il, dès le mois d'août
1814, de nommer M. de Mathan Chevalier de
Saint-Louis et Maréchal-de-camp.

Il saura de même, lorsque le prodige inoui des
cent jours se sera évanoui, apprécier la conduite

de ceux qui se seront fait une loi de se tenir alors
à l'écart, malgré les honneurs dont ils avaient
été comblés autrefois, parce que celui dont ils les
avaient reçus, n'apparaissait plus à leurs yeux
comme le restaurateur de la France. Aussi, peu
de temps après être remonté de nouveau sur le
trône, Louis XVIII confère-t-il à M. de Mathan le
grade d'Officier de la Légion d'honneur et le nom-
me-t-il d'abord général commandant le Calvados,
puis, l'année suivante, 1816, inspecteur de cavalerie. M. de Mathan exerça ces fonctions avec
ce tact d'habileté qui sait concilier la bonté du
cœur et la sévérité de la discipline, et avec cette
délicatesse de convenance qui était comme innée
en lui et que révèlent les ordres du jour par lui
publiés à Rouen, au Mans et ailleurs. Il les cessa
en 1821, époque depuis laquelle, jusqu'à sa
mort arrivée le 27 juillet 1840, tout en appartenant à l'état-major de l'armée, comme maréchal-
de-camp, et tout en étant porté successivement
comme tel sur les cadres de *disponibilité*, *d'activité*, de *réserve* et de *vétérance*, il s'est plus spécialement voué aux fonctions législatives auxquelles, dès 1815, l'avait appelé la confiance du Roi,
en le créant Pair de France.

Sachant apprécier son zèle et son dévouement, le Monarque s'était empressé, en 1817, d'attacher à sa Pairie le titre héréditaire de Marquis, faisant revivre ainsi l'ancien Marquisat de Mathan qu'en 1756 avait érigé Louis XV (2), comme récompense des services constamment rendus par cette antique famille : il s'était aussi en même temps complu à proclamer en quelque sorte que cette ancienne maison par ses alliances (3) appartient à la maison royale de Bourbon, en lui reconnaissant le droit de porter dans ses armes *cinq fleurs de lys, en forme de croix* (4), autre signe historique d'une valeur et d'une importance bien notable, par cela qu'il rappelle le souvenir de Jean de Mathan, un des chevaliers bannerets, compagnons de Robert II, Courte-Heuse, duc de Normandie, à la première croisade, en 1096.

S'attachant à suivre l'exemple de tels ancêtres, plus illustres encore par leurs services rendus que par l'antiquité de leur origine (5), M. de Mathan s'est montré, jusqu'à la fin, scrupuleux observateur de ses devoirs de Pair, au point même de compromettre son existence par une assiduité aux séances de la Chambre dont le titre de Commandeur de l'Ordre royal de la Légion d'honneur a pu être la récompense, mais que ne comportait plus une santé trop profondément altérée; n'importe, ce que lui prescrivait sa conscience, il s'imposait de l'accomplir, même au-delà de ses forces. Aussi, tous ceux qui l'ont connu, et ceux-là même qui, au milieu de nos divisions politiques, ont suivi et suivent une autre ligne, lui rendront-ils du moins la justice de reconnaître avec celui qui, honoré de toute l'intimité de sa confiance, consacre ces lignes à sa mémoire, qu'en tout il n'a jamais su, même au détriment de légitimes espérances personnelles, qu'embrasser l'opinion qui lui paraissait la meilleure. Se tromper en agissant ainsi, en n'obéissant qu'à ses convictions intimes, c'est encore, lors même que l'on se trompe, acquérir des droits incontestables à l'estime et à la considération du pays. Qu'exige en effet la patrie? Qu'on soit animé de l'amour du bien; que, fidèle à la voix d'une conscience pure, on s'efforce sans cesse d'assurer le bonheur de l'État : or, ce sont les maximes constamment suivies par M. de Mathan, malgré les apparences de contradiction qu'on voudrait peut-être apercevoir dans sa façon d'agir aux diverses époques de sa vie politique. Qu'on

l'étudie bien, en effet, et l'on verra qu'il s'y est
montré toujours fidèle, même dans des circonstances qui exigeaient le courage à toute épreuve
d'une forte conviction. C'est ce qu'atteste sa conduite à l'époque du couronnement de l'empereur.
Colonel de la garde nationale de Caen, il aurait
dû la représenter dans cette solennité politique;
mais il pouvait croire qu'un autre usage de la
victoire aurait plus contribué à la félicité de la
France, et il ne craignit pas de protester ainsi,
en quelque sorte, par son absence, contre la
hardiesse que montrait, en osant poser une couronne sur son front de soldat, celui dont il devait devenir, un autre jour, l'un des chambellans.
Cet acte d'énergie ne fut peut-être qu'un motif de
plus pour que l'empereur ait voulu plus tard
l'attacher à sa personne; et M. de Mathan put
aussi accepter la dignité à laquelle il était élevé,
sans démentir les antécédents par lesquels il avait
prouvé son dévouement absolu à la prospérité de
son pays; la position que lui avait faite la considération dont l'environnaient ses concitoyens,
lui faisait peut-être même un devoir de cette
acceptation, dans l'intérêt de sa ville et de son
département. En attendant, il n'avait cessé de le

servir, autant qu'il avait été en lui, comme membre très-actif du conseil général, dont il a presque toujours fait partie, et pendant l'empire et pendant la restauration. Aussi est-il permis de croire que l'activité de son zèle n'a pas peu contribué à de nombreuses améliorations dont jouit le Calvados, et entre autres à l'ouverture d'une des routes les plus fréquentées et les plus utiles du département.

Oui, servir son pays, et le servir de tout son pouvoir, voilà ce qu'il voulait, ce qu'il a constamment voulu. Aussi l'empereur le reconnaît-il de la manière la plus expresse dans le décret par lequel il le nomma président du collège électoral du Calvados en 1810, et dans lequel on lit ces paroles flatteuses : en reconnaissance des services rendus dans l'ordre administratif.

Si la Providence permet ensuite que s'écroule un jour le colosse formidable à l'ombre duquel la France semblait devoir faire à jamais la loi à l'Europe humiliée, si elle permet encore que d'autres changements fondamentaux se renouvellent successivement dans son organisation politique, M. de Mathan, au milieu de ces vicissitudes, pour choisir sa ligne de conduite, ne consultera que ce que paraît exiger à ses yeux l'intérêt de la France. C'est ainsi que toujours il sera resté fidèle aux mêmes principes de dévouement absolu à son pays, et qu'on lui a entendu professer publiquement à Caen, en 1815 : « Il « faut à la France, » y disait-il comme président du collége électoral du Calvados, « il faut « des députés que la passion du bien public em- « brâse ; des hommes que les événements ou l'in- « térêt particulier ne puissent maîtriser ; des « Français dont la conduite et les opinions iné- « branlables tendent sans cesse au bonheur de « l'État. »

C'est à cette noble fin qu'il tendait aussi sans cesse dans sa vie publique et dans sa vie privée, au risque de n'être pas toujours compris, de donner quelquefois de lui-même une idée moins avantageuse, de se faire ainsi attribuer des sentiments qui ne pouvaient être les siens, de compromettre ou même de perdre une haute influence que pourtant il était heureux de rendre utile à tous, tant il ne savait que poursuivre avec une ardeur peut-être passionnée la réalisation de tout ce qui lui paraissait marqué au coin du juste et de l'honnête ; car si quelques-uns de ses actes

n'ont pas toujours pu recevoir une approbation
générale, du moins ses intentions ont toujours
été droites, pures et exemptes surtout de toute
vue d'intérêt personnel. Il est donc vrai de dire
que nul ne fut plus dévoré de la passion de faire
le bien pour le bien; c'était celle-là seule qui
l'inspirait dans son intérieur, où, s'occupant de
contribuer à la félicité de ses enfants, il secon-
dait le généreux dévouement de leur mère, par-
tageait avec elle tous les soins de leur éducation,
se livrant lui-même plus spécialement à celle de
son fils, et s'attachant surtout à y donner pour
base fondamentale, par le puissant enseignement
de l'exemple, ces principes sacrés de la religion
qui préparent l'homme, le forment, le dirigent
et font, dès cette vie, sa consolation et son bonheur.

C'était aussi cette même passion de faire le
bien qui l'animait pour tout ce qui l'environ-
nait au-dehors; on le reconnaît aisément à la
double mesure que sa générosité a su prendre
pour l'instruction des enfants des deux sexes,
dans la commune de St-Pierre-de-Semilly, aux
services qu'il se complaisait à rendre de tous côtés; aux bienfaits immenses qu'il ne cessait de ré-

pandre et sur les pauvres et sur les églises de Cambes (6), de Semilly, et des diverses paroisses où se trouvent les terres de l'ancien Marquisat de Mathan. Aussi des populations entières (7) se sont-elles empressées de rendre un hommage mérité à sa mémoire, exprimant par leur douleur commune combien elles sentaient vivement la perte qu'elles éprouvaient, combien leur paraissaient vraiment applicables à leur bienfaiteur ces paroles de la Charité, PERTRANSIIT BENEFACIENDO.

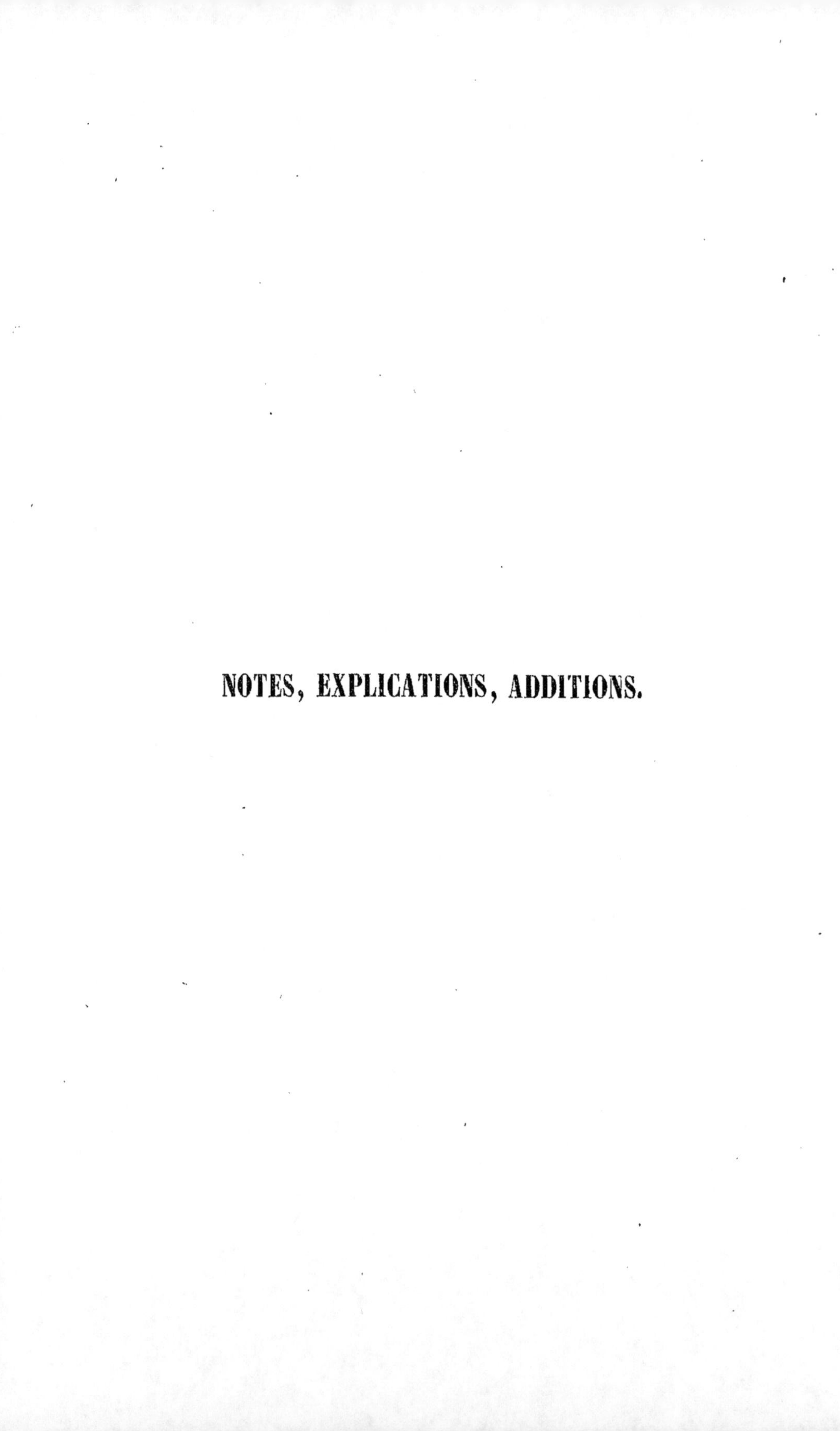

# NOTES, EXPLICATIONS, ADDITIONS.

# NOTES, EXPLICATIONS,



----

(1) En 1814, son Altesse Royale, Monsieur,
qui a été depuis Charles X, se rappelant la conduite de l'ancien lieutenant à l'armée du Rhin,
réclama que le grade de maréchal-de-camp fût
accordé à M. de Mathan, et le 19 août, il fut fait
droit à cette recommandation toute spéciale.

(2) Un des principaux motifs pour lesquels le roi Louis XV, en faveur de Bernardin de Mathan, aïeul de celui qui fait l'objet de cette Notice, érigea en *Marquisat de Mathan* la terre de son nom et la chatellenie de Semilly avec ses dépendances, ce fut le service important qu'il avait rendu dans la ville de Caen dont il était gouverneur. En 1725, la disette aurait occasioné dans cette place (a) les plus grands maux, si la prudence de Bernardin de Mathan, sa fermeté et surtout l'affection que lui portaient les habitants, n'eussent contenu et apaisé la populace. Aussi, dans sa satisfaction, le Roi voulut-il que le mar-

(a) Il est assez remarquable qu'environ un siècle après, le petit-fils ait été envoyé à Caen dans des circonstances semblables. Informé des troubles que venait d'occasioner dans cette ville la cherté des grains, le souverain qui régnait alors sur la France (c'était en 1812) connaissant de quelle considération M. de Mathan y était environné, le fit venir dans son cabinet particulier, le jour même où cette nouvelle lui était parvenue, et après quelques paroles d'une certaine rudesse dictées par cette contrariété que ne peut supporter le génie, il le chargea de se rendre sur-le-champ au sein de cette cité pour y rappeler, au besoin, par le seul et unique ascendant de son influence, l'ordre et la tranquillité, ne lui confiant que cette noble et honorable mission. Il avait déjà, en effet, donné d'autres instructions ; aussi, dès son arrivée dans sa ville natale, M. de Mathan y trouva t-il instituée une commission militaire à laquelle il devait rester étranger, mais qui devait laisser des traces sanglantes, et jeter dans son cœur consterné, comme dans celui de ses concitoyens, d'amers regrets qu'à l'exemple de son aïeul, il eût été si heureux de leur épargner.

quisat héréditaire qu'il créait, relevât immédia-
tement de son duché de Normandie. C'est ce qu'on
lit en effet dans les lettres patentes de l'érection
de ce marquisat, données à Versailles au mois
de février 1756, vérifiées et enregistrées au parlement de Rouen, le 17 mai, et à la cour des
comptes de Rouen, le 27 juillet de la même année:

« Louis, par la grâce de Dieu, roi de France
« et de Navarre, etc...............................
« .........................................................
« nous croyons qu'à l'exemple des rois nos pré-
« décesseurs, ne pouvoir mieux marquer notre
« estime à ceux de nos sujets qui sont élevés
« par leur naissance, et qui se distinguent par
« leurs vertus et par leur attachement au ser-
« vice de notre état, qu'en les honorant de ti-
« tres qu'ils puissent transmettre à leurs des-
« cendants, et qui conservent à toujours le sou-
« venir de leurs bonnes qualités. C'est par ce
« moyen que nous voulons reconnaître les ser-
« vices qu'a rendus la famille du sieur Ber-
« nardin de Mathan, notre lieutenant au gou-
« vernement de Caen et chevalier de notre ordre
« militaire de Saint-Louis, et ceux que lui-
« même a rendus dans toutes les occasions qu'il

« a eues de signaler sa valeur et son zèle, à
« l'exemple de ses ancêtres,... et notamment
« dans la place de notre lieutenant au gouverne-
« ment de Caen, où il a donné, dans des temps
« difficiles, autant de preuves de sa sagesse et
« de sa fermeté, qu'il en avait donné de son
« courage et de sa valeur dans les emplois mili-
« taires qui lui avaient été confiés : en sorte qu'il
« a pleinement mérité, à l'exemple de ses ancê-
« tres, les témoignages que nous sommes réso-
« lus de lui donner de notre estime ; et pour
« les faire passer à sa postérité, et conserver à
« toujours le souvenir des motifs qui nous en-
« gagent à distinguer ledit sieur de Mathan,
« nous avons cru qu'il convenait de lui donner
« un titre d'honneur, et d'ériger pour cet effet,
« en dignité de marquisat, les terres et seigneu-
« ries de Mathan, fiefferme, châtellenie de St-
« Pierre-de-Semilly, fiefs du Mesnil-Sigard, de
« St-André-de-l'Épine et du Soulaire, qui sont
« mouvans de nous, à cause de nos vicomtés
« de Caen et de Bayeux, et que possède ledit
« sieur de Mathan, comme lui étant échues de
« successions de ses ancêtres, et attendu l'union
« que nous voulons faire desdites terres, fiefs et
« seigneuries, pour ne composer qu'une seule et

« même terre sous le titre de marquisat de Ma-
« than, nous avons résolu de les faire à l'avenir
« relever de notre duché de Normandie, et de les
« distraire, pour cet effet, des mouvances dans
« lesquelles elles ont été jusqu'à présent. A CES
« CAUSES et de notre grâce spéciale, pleine puis-
« sance et autorité royale, nous, etc..,..........
« ..................................................
« voulons et nous plaît que ledit sieur de Mathan
« et ses enfants, postérité et descendants mâles,
« nés et à naître en légitime mariage, puissent se
« dire, nommer et qualifier marquis de Mathan,
« en tous actes, tant en jugement que dehors, et
« qu'ils jouissent des mêmes honneurs, armes,
« blasons, droit de justice et de juridiction et
« autres droits, prérogatives, autorités, préémi-
« nences en fait de guerre, assemblées d'états et
« de noblesse, et autres avantages et priviléges
« dont jouissent ou doivent jouir les autres mar-
« quis de notre royaume, que tous vassaux, ar-
« rière-vassaux, justiciables et autres tenant no-
« blement ou en roture des biens mouvants et
« dépendants dudit marquisat de Mathan, les re-
« connaissent pour marquis, qu'ils fassent les
« foy et hommage, fournissent leurs aveux, dé-
« clarations, dénombrements, le cas y échéant,

« sous lesdits nom, titre et qualité de marquis
« de Mathan ; que les officiers exerçant la jus-
« tice dudit marquisat, intitulent à l'avenir leurs
« sentences et autres actes et jugements auxdits
« nom, titre et qualité de marquis............
« ....................................................
« ....................................................
« et afin que ce soit chose ferme et stable à tou-
« jours, nous avons fait mettre notre scel à ces
« présentes.

« Donné à Versailles, etc.

« Signé Louis. »

(5) La famille de Mathan s'est alliée, en tout temps, à des maisons très-illustres et très-anciennes. Mais parmi ces alliances, il convient de remarquer celles qu'elle contracta avec la Maison royale de France (branche des Valois et branche des Bourbons). Il suffira de rappeler ici que Nicolas, seigneur de Mathan, qui vivait en 1500, épousa Magdelaine d'Espinay, dame de Vains, fille de Henri, sire d'Espinay en Bretagne, chambellan

de Louis XII, roi de France, et de Catherine d'Estouteville. Or cette Catherine d'Estouteville était petite-fille de Catherine de Bourbon, qui était issue de Pierre Ier, duc de Bourbon, et d'Isabelle de Valois, sœur de Philippe de Valois, roi de France. En outre, ce Pierre Ier, duc de Bourbon, avait pour père Louis Ier, duc de Bourbon, petit-fils de Saint Louis. De plus, Georges de Mathan, fils de Nicolas de Mathan et de Magdelaine d'Espinay, était par sa mère cousin issu de germain d'Adrienne, duchesse d'Estouteville, qui fut mariée, en 1554, à François de Bourbon, comte de St-Pol, grand-oncle de Henri IV, roi de France.

On pourrait encore citer d'autres alliances avec la Maison de Lorraine, avec celle de Gouyon Matignon, etc.; mais ce qui précède, est plus que suffisant pour montrer de quelle considération était et devait être entourée la famille de Mathan, pour qu'il lui ait été possible de s'unir ainsi aux familles les plus puissantes comme les plus illustres, même à la famille royale.

(4) Les armes de la Maison de Mathan sont :
PARTI, *au 1 de gueules, à deux jumelles d'or, au lion passant, aussi d'or, posé en chef ; au 2 d'azur, à cinq fleurs de lis d'or, en forme de croix.* SUPPORTS : *deux lions d'or.* — COURONNE *de marquis sur l'écu.* — CIMIER : *une tête d'homme sauvage posée de front.* — DEVISE : AU FÉAL RIEN NE FALT. — CRI DE GUERRE : MATHAN.

Le droit de porter ces armes a été reconnu de nouveau à M. le Marquis de Mathan, par décision royale du 8 mars 1818.

(5) Cette origine remonte, comme on le voit, à la fin du XI$^e$ siècle ; nul doute, même, qu'elle ne soit encore beaucoup plus ancienne. C'est l'opinion du savant Huet, évêque d'Avranches, dans ses *Origines de la ville de Caen et des lieux circonvoisins* ; c'est aussi celle qu'il est permis d'avoir d'après Robert Wace, selon lequel, dans son *roman de Rou*, qu'il écrivait en 1162, la jovente (la jeunesse) de Mathan accompagna le duc Guillaume à la conquête de l'Angleterre.

Or, il est à croire que, si à l'époque de cette expédition, des Mathan prennent part à la bataille d'Hastings, en 1066, suivis d'une jeunesse

nombreuse ; c'est que déjà ils sont puissants ;
cette puissance pourrait donc révéler une existence déjà notable ; et il faut bien qu'il en ait été
ainsi, puisque, trente ans plus tard, Jean de Mathan qui accompagna le duc Robert à la première
croisade, est mis au nombre des chevaliers bannerets, c'est-à-dire, des gentilshommes élevés en
dignités et possesseurs de grands fiefs, en vertu
desquels ils avaient droit de porter la bannière
dans les armées, et d'y conduire leurs vassaux.

Du reste, la filiation de la famille de Mathan
remonte d'une manière incontestable jusqu'à
Jean I$^{er}$, dont le nom figure sur la liste des chevaliers bannerets compagnons du duc Robert,
laquelle tirée d'un ancien manuscrit du Chapitre
de Bayeux, a été imprimée à la suite de l'histoire
de Normandie par Dumoulin.

Depuis cette époque, cette filiation se prouve
sans interruption aucune, de la manière la plus
circonstanciée (a) et par les annales de la provin-

(a) Il convient d'observer ici que l'examen des preuves de cette antique filiation a été fait, à plusieurs reprises, de la manière la plus
sévère. On sait, en effet, dans quels détails minutieux entrait la
Commission chargée de vérifier les titres que présentait celui qui
désirait, ou que l'on désirait faire entrer dans l'Ordre de Malte ; or, il
existe divers procès-verbaux dressés, à diverses époques, par des com-
missions de cette espèce pour des membres de la famille de Mathan.

ce, et par les cartulaires des abbayes, où sont mentionnés les dons multipliés qu'accordait sans cesse aux églises et au clergé cette famille bienfaisante qui, après s'être subdivisée successivement en diverses branches aujourd'hui toutes éteintes, à l'exception d'une seule, n'est plus représentée à l'heure où je trace ces lignes, que par un enfant de dix ans, seul héritier d'un des plus anciens noms de la province. A lui donc de ne rien négliger pour soutenir cette antique illustration, que proclament assez haut les alliances et les dignités dont ont été revêtus d'âge en âge, les divers membres de cette famille, entre lesquels il convient de citer plus spécialement :

Celui que rédigèrent, en 1734, les commissaires de l'Ordre de Malte, députés du Chapitre, pour faire les preuves de M. Louis de Mathan, reçu de minorité, et aïeul de l'enfant à qui cette Notice est offerte, renferme les détails les plus circonstanciés. Ces commissaires examinèrent d'abord les titres et les chartres que présentait la Maison de Mathan, puis ils se transportèrent partout où elle possédait des terres, firent les preuves locales ; ensuite ils rédigèrent un procès-verbal duquel il résultait que Louis de Mathan, fils de Bernardin de Mathan, descendait au 19e degré de Jean Ier, qui accompagna le duc Robert Courte-Heuse, à la 1re croisade, en 1096.

Ce procès-verbal, dont la copie authentique m'a été communiquée, serait un monument curieux à connaître, et bien propre à montrer avec quelle sévérité de critique étaient alors examinés, dans tous leurs détails et sous tous leurs points de vue, les titres de diverses espèces qui étaient produits par qui voulait entrer dans un ordre jaloux de la pureté et de l'intégrité de la noblesse de ses membres.

1° JEAN Iᵉʳ DE MATHAN, chevalier banneret, dont il a déjà été parlé, qu'on trouve mentionné dans une chartre de 1082, et qui fut à la conquête de la Terre-Sainte et de Jérusalem.

2° RAOUL DE MATHAN, l'un des petits fils du précédent : celui-ci qualifié également de chevalier, fut du nombre des treize barons et seigneurs normands donnés en ôtage par Jean-sans-Terre, roi d'Angleterre et duc de Normandie, comme garants de la trève qu'il avait faite avec Philippe-Auguste, roi de France, en 1206, pour deux années.

5° JEAN DE MATHAN, fils cadet de Jean II : on le voit au nombre des chevaliers de la vicomté de Caen, appelés à Tours pour le service du roi Philippe III dit le Hardi, en 1272.

4° Jean III, chevalier, seigneur de Mathan ; en 1526, il épousa Jeanne de Parfouru, petite-fille d'un de Parfouru, à qui Saint-Louis, en 1268, avait donné comme récompense de ses nombreux et signalés services, la châtellenie de St-Pierre-de-Semilly, de Semilly à la Meauffe, de Semilly à Couvains.

C'est par cette alliance avec l'héritière de cette châtellenie, qu'est entrée dans la Maison de Mathan la terre de Semilly, si remarquable encore aujourd'hui par elle-même, et pour l'antiquaire, par les ruines qu'elle offre à ses études et qu'on y conserve et conservera toujours avec la plus religieuse vigilance.

5° Jean IV de Mathan. Il est fait mention de lui dès 1546, et on le voit long-temps servir en qualité de chevalier banneret, sous les règnes de Charles V et de Charles VI ; il mourut en 1591.

6° Olivier de Mathan, l'un des fils du précédent ;
il servit avec distinction sous le règne de Charles
VI. Il parut avec sept écuyers de sa compagnie,
aux montres faites à Ardres, en 1586 et 1587; on
le trouve avec les mêmes, la dernière année, sur
les frontières de Picardie, et il fut du nombre
des gentilshommes choisis par Charles VI pour
accompagner, en 1595, jusqu'à Calais, Madame
Isabelle de France, fille du roi, qui par son mariage avec Richard II, devenait reine d'Angleterre.

7° Jacques de Mathan, frère d'Olivier et fils de
Jean IV ; à la mort de son père, en 1591, il eut
en partage les trois grands fiefs de Semilly, et
devint le chef de la première branche des Mathan
de Semilly.

Cette branche ne subsista pas long-temps ;
elle était éteinte en 1510, ce qui fit que la châtellenie de Semilly revint à cette époque à Nicolas de Mathan, dont il va être parlé bientôt.

8° Jean V de Mathan, chevalier, seigneur de Mathan : il se distingua par ses services sous les règnes de Charles VI, Charles VII et Louis XI, dans ces temps malheureux où la France était déchirée par des factions acharnées. Jean de Mathan se trouva ainsi aux siéges de Montereau, de Melun, de Meaux, de Meulan et d'autres places diverses. Il prit part également aux batailles de Crévan, de Verneuil, de Beaugency et de Beaugé où il fut fait prisonnier. Après avoir ainsi passé sa vie au milieu des armes, il mourut en 1463.

Il convient peut-être de remarquer ici qu'il avait été compris comme appartenant aux plus anciennes familles nobles, dans la recherche, qu'au commencement de son règne, ordonna de faire Louis XI, désireux, sans doute, pour la réalisation de ses projets politiques, d'effacer des tables de la Noblesse celles des familles qui ne pouvaient pas trop justifier à quels titres elles y étaient portées ; aussi celles qui y furent maintenues à cette époque, ont-elles pu s'en énorgueillir plus tard.

9° Nicolas de Mathan, premier du nom , chevalier, seigneur de Mathan : c'est lui qu'on voit épouser en premières noces, lorsqu'il était encore mineur, en 1510, Suzanne Leveneur, fille de Charles, baron de Tillières, et nièce de Jean Leveneur , cardinal et grand aumônier de France ; et en deuxièmes noces, Magdelaine d'Espinay, fille d'un chambellan du roi Louis XII. Par ce dernier mariage, la Maison de Mathan eut l'honneur de contracter alliance , comme il a été dit, avec les Maisons royales de Valois et de Bourbon, et avec celle de Lorraine.

Nicolas de Mathan et Magdelaine d'Espinay étant morts (*a*), le roi François I<sup>er</sup> fit don, en en 1538, de la garde-noble de leurs enfants mineurs à haute et puissante dame, Jacqueline d'Estouteville , baronne de Moyon , Briquebec , etc. , sa chère cousine, et belle-mère de François de Bourbon, comte de St-Pol, grand-oncle de Henri IV. François I<sup>er</sup> lui confia cette tutelle à

(*a*) A la mort de Nicolas I<sup>er</sup>, en 1538, la famille de Mathan se divise de nouveau en deux branches principales : l'une a pour chef Joachim, son fils aîné ; l'autre, Georges, son troisième fils , qui eut en partage la châtellenie de Semilly. Ces deux branches se réunissent et se confondent, en 1713, par le mariage de Bernardin de Mathan, descendant de Georges, avec Isabelle-Catherine de Mathan , qui descendait de Joachim.

cause de son affinité, de sa parenté avec la famille de Mathan, de son affection et de son amour pour les pupilles remis à ses soins.

En voyant la Maison de Mathan contracter de telles alliances, on est nécessairement porté à dire que, dès cette époque, elle jouissait de la plus grande considération et par son ancienneté, et par sa puissance, et par l'illustration de ses membres.

## BRANCHE AINÉE DE MATHAN.

10° JOACHIM DE MATHAN. Quoique tout jeune encore, il obtient, le 6 septembre 1549, un brevet par lequel, pour s'être déjà fait connaître par sa vaillance, sa loyauté, sa fidelité et son expérience au fait des armes et sa diligence, il reçoit la charge d'enseigne d'une bande de légionnaires de mille hommes de pied de la légion de Normandie, pour le service du roi, sous le capitaine Jean de Gourfaleur.

En 1552, il était encore enseigne d'une bande

de légionnaires sous le capitaine de Bonfossé, ce qui l'empêcha de paraître à la montre des nobles qui, cette même année, eut lieu à Caen.

11° NICOLAS DE MATHAN, deuxième du nom et fils de Joachim. Le 19 juin 1578, il fut créé gentilhomme ordinaire de la chambre de François de France, duc d'Anjou et d'Alençon et frère des rois François II, Charles IX et Henri III.

12° PIERRE DE MATHAN, premier du nom, fils de Nicolas II. On le trouve au service du roi dans le régiment de Provence, et en Provence, avant 1640.

13° ADRIEN DE MATHAN, l'un de ses frères, fut créé, en 1635, maréchal général des logis de la cavalerie légère de France, après en avoir déjà fait les fonctions dans l'armée de Savoie, dès l'an 1658. On le trouve, en 1658, commissaire général extraordinaire des guerres, des troupes et garnisons en la province et pays de Provence. Il était entré jeune au service, et dans diverses occasions il donna des preuves de son courage ; il fut tué l'an 1650, dans la révolte de Marseille, aux portes de cette ville, en portant les ordres du roi aux consuls de cette cité.

14° ADRIEN DE MATHAN, un des fils de Pierre 1er. En 1660, il reçut le collier de l'ordre de St-Michel, et en 1664, Louis XIV le créa gentilhomme ordinaire de sa chambre.

15° PIERRE II DE MATHAN, chevalier, seigneur de Mathan ; en 1666, il obtint un brevet d'enseigne dans le régiment de Navarre, et en 1672, Louis XIV lui accorda la charge de l'un de ses écuyers, dont se démettait JEAN DE MATHAN, son cousin, chevalier de l'ordre du roi.

En 1691, il épousa Isabelle Lebas de Cambes, dont il eut trois filles : l'une d'elles, Isabelle Catherine, fut mariée, en 1715, à Bernardin de Mathan, en faveur duquel Louis XV érigea le marquisat de Mathan. Par ce mariage, les deux branches furent réunies, comme il a déjà été dit.


## BRANCHE DE MATHAN-SEMILLY.


16° GEORGES I<sup>er</sup> DE MATHAN, troisième fils de Nicolas I<sup>er</sup> de Mathan. A la mort de son père, en 1558, il fut confié, avec ses frères, par le roi François I<sup>er</sup>, aux soins de sa parente Jacqueline d'Estouteville, comme il a été dit.

On le voit d'abord cornette de l'arrière-ban du bailliage de Caen ; bientôt il en est élu trésorier et receveur par les nobles de ce bailliage. En 1558, le roi Charles IX l'exempte du ban et de l'arrière-ban, en considération de ses services. En 1570, Charles IX le nomme capitaine gouverneur des ville et château de St-Lo, et lui donne le collier de son ordre de St-Michel.

Georges de Mathan devient ensuite gentilhomme ordinaire de la chambre du roi.

Il est le chef de la seconde branche des Mathan de Semilly, laquelle subsiste seule aujourd'hui, la branche aînée s'étant confondue avec celle-ci, comme on vient de le remarquer, par le mariage d'Isabelle-Catherine de Mathan qui la représentait, avec son cousin, Bernardin de Mathan, descendant direct de Georges I$^{er}$ dont nous parlons.

Mort en 1595, il fut inhumé dans l'église de St-Pierre-de-Semilly, où l'on voit encore, près de l'autel, son tombeau élevé, sur lequel est une statue couchée; il est représenté armé de pied en cap, la tête nue, son casque sous ses pieds; son casque et ses gantelets, tels qu'il les portait alors, sont restés attachés à son tombeau jusqu'à la révolution, mais son casque seul a été sauvé.

De l'autre côté de l'autel, se voit le tombeau élevé de sa femme Claude des Asses, avec sa statue couchée.

Aux titres par lesquels se recommande Georges

de Mathan, on pourrait ajouter la protection qu'il accorda à un peintre malheureux et proscrit, l'asile généreux qu'il lui offrit pour le soustraire aux traits auxquels il était en butte. Aussi l'artiste voulut-il lui témoigner sa reconnaissance à sa manière, en faisant deux tableaux que l'on doit regretter beaucoup de ne pas voir plus habilement restaurés. Ces deux tableaux, dont l'existence est très-connue, et qui ont pu fournir matière à de nombreux lazzi de passable aloi peut-être, parce que leur origine était ignorée, ont été faits l'an 1592 ; l'un est une *Adoration des trois Rois* et l'autre une *Assomption*.

Dans l'un comme dans l'autre, le peintre a joint au sujet principal le portrait de son hôte et celui de sa nombreuse famille, qui se composait de douze enfants. Georges de Mathan y est représenté habillé de fer, les cheveux courts, la barbe longue, un collet à la Lazarienne : à côté de lui sont ses gantelets et son casque, et au-dessus de sa tête ses armoiries. Devant lui est son fils aîné Adrien, qui déjà était gouverneur des ville et château de St-Lo, comme il va être dit bientôt ; il a le même costume que son père ; puis vient Joachim, quatrième fils, en robe de conseiller ; de même, les autres personnages ont quelque chose de propre qui les distingue ; et de plus, le peintre a eu soin de mettre à chaque portrait, le nom et l'âge de chacun d'eux.

C'est sans doute là une singulière idée de la part du peintre de représenter ainsi ses hôtes de la fin du XVI⁰ siècle dans une *Adoration des Mages* et dans une *Assomption de la Sainte Vierge*. On ne peut se l'expliquer qu'en voyant uniquement dans ce fait ou une fantaisie d'artiste assez commune, d'ailleurs, à une époque où les lettres et les arts se complaisaient encore à réunir et à confondre souvent le présent et le passé par les plus bisarres anachronismes, ou plutôt une pure flatterie, une pure adulation pourtant très-excusable à cause de son principe dans une vive reconnaissance envers un noble chevalier, un bienfaiteur, un libérateur, un sauveur, ou même, si on le veut, l'exaltation toute fantasque de ce pieux sentiment, sur lequel il n'a pas voulu, toutefois, qu'on puisse jamais se tromper, puisqu'il a pris la précaution de désigner par leurs noms les divers personnages, ses contemporains et ses hôtes, par lui ainsi groupés dans deux sujets antiques ; mais, au reste, ce n'en est pas moins un monument fort curieux sous tous les rapports, que cet artiste du XVI⁰ siècle a élevé en l'hon-

neur du Chef de la seconde branche des Mathan
de Semilly.

17° ADRIEN DE MATHAN. Henri III lui donna,
en 1584, le gouvernement des ville et château de
St-Lo, dont son père, Georges I<sup>er</sup>, s'était démis ;
il en était lieutenant depuis 1571, et déjà il avait
su rendre de nombreux services, comme il devait
continuer d'en rendre de toute espèce. Il suffira
de rappeler ici qu'à sa sollicitation, Henri IV
accorda, par l'établissement d'une foire, un nouveau moyen de prospérité pour le pays, et de dé-
veloppement pour son commerce.

On voit ensuite le roi Louis XIII lui accorder,
ainsi qu'à son frère, en considération de ses services et de ceux que sa famille avait rendus de
tout temps à l'État, la permission de faire une
substitution pour ses hoirs et leurs descendants
de la maison dite *le château de Mathan*, que Joachim de Mathan, l'un de ses frères, conseiller-
clerc au parlement de Rouen, avait fait bâtir
dans le pourpris du vieux palais, à Rouen, à lui
donné par Henri IV.

18° Jean VI de Mathan, l'un des petits-fils d'A-
drien ; né en 1627, il fut reçu, de minorité,
chevalier de l'ordre de St-Jean de Jérusalem, dit
de Malte ; il servit avec distinction sur les galè-
res de la religion, puis, il quitta la croix pour se
marier, son frère aîné n'ayant point d'enfants.

19° Louis de Mathan, un des fils de Jean VI,
né à St-Pierre-de-Semilly, en 1659, devint gentilhomme ordinaire de la chambre du roi Louis
XIV, et revint mourir au lieu de sa naissance,
en 1757.

20° Jean de Mathan, fils de Louis, né en 1682,
fut d'abord page de la chambre du roi ; il devint
ensuite enseigne au régiment des gardes françaises, en 1699, puis, colonel du régiment de Bugey.
Détaché en Italie avec son régiment, il mourut à Mantoue, où il était en garnison sous les
ordres du maréchal de Catinat.

21° Un autre fils de Jean VI, appelé aussi Jean de Mathan, né à St-Pierre-de-Semilly, en 1665, fut aussi reçu, de minorité, chevalier de l'ordre de Malte; mais une mort prématurée ne devait pas lui permettre de jouir long-temps de l'honneur auquel il avait été admis par suite des informations et des preuves de noblesse faites en 1672 et présentées à l'assemblée provinciale du Temple, à Paris.

22° Bernardin de Mathan, petit-fils de Jean VI; né en 1685, il est admis, à l'âge de 14 ans, en 1699, au service du roi Louis XIV, en qualité de page de la grande écurie. En 1700, il est nommé enseigne de la colonelle du régiment de Bugey. En 1701, il entre dans le régiment d'infanterie du Dauphin où il est créé lieutenant; en 1703, il est fait capitaine dans le même régiment dont il devient major en 1712, obtenant ainsi un rapide avancement, parce qu'il sait dans l'occasion payer de sa personne. Il avait combattu à Hochstedt, en 1704; il s'était trouvé au siége de Nice, puis à celui de Turin, où il avait été fait prisonnier de guerre en 1707. Échangé peu de temps après, il avait rejoint l'armée, et il avait servi au siége de Landau et à celui de Fribourg, où il avait été au nombre de ceux qui furent employés pour conduire l'attaque du chemin couvert de cette place, laquelle fut des plus vives et des plus meurtrières.

Aussi, pour le récompenser de ses services et de la manière dont il s'était conduit dans les différents emplois militaires qui lui avaient été confiés, Louis XV, en 1718, le créa-t-il chevalier de son ordre royal et militaire de St-Louis, et le nomma-t-il, la même année, son lieutenant au gouvernement des ville et château de Caen, où il ne devait pas montrer moins d'habileté, de prudence et de fermeté, qu'il n'avait su déployer de valeur et d'intrépidité dans les combats. Il le prouva par la conduite ferme, sage et prudente qu'il sut tenir lors de la disette de 1725, comme on l'a rapporté précédemment. Aussi, ce fut-il en considération de ses services en tout genre, et de ceux de sa famille entière, depuis près de sept siècles, que Louis XV, comme on l'a rappelé pareillement, lui accorda, pour lui et pour ses descendants, le titre de Marquis.

23° En même temps que Bernardin de Mathan savait ainsi bien mériter de son pays, un de ses frères, Philippe de Mathan, se distinguait comme chevalier de l'ordre de Malte ;

24° Et un autre, Louis-Guillaume de Mathan, docteur de Sorbonne, était devenu abbé commandataire de la Croix St-Lanfroi au diocèse d'Évreux.

25° Anne-Louis de Mathan, fils aîné de Bernardin ; né en 1745, il ne comptait pas encore 16 ans, que déjà il était nommé gentilhomme à drapeau au régiment des gardes françaises. Après être passé successivement par tous les grades, il était maréchal-de-camp en 1767, et en 1785, il était premier lieutenant-colonel du régiment des gardes françaises. Il avait su se faire remarquer dans les campagnes d'Allemagne, de Hongrie, de Bavière et d'Italie ; il s'était trouvé à toutes les affaires importantes de la guerre de *sept ans*, et il avait mérité d'être nommé, en 1785, Commandeur de l'ordre royal et militaire de Saint Louis.

En 1769, il avait été nommé, à la mort de son père, lieutenant de roi des ville et château de Caen, et il devait devenir, en outre, inspecteur général des canonniers gardes-côtes de la Picardie et de la Haute Normandie et des bataillons provinciaux.

26° En même temps, son frère cadet, Louis de Mathan, reçu de minorité chevalier de l'ordre de Malte, en 1754, méritait d'être créé officier des vaisseaux du roi et d'être décoré de la croix de Saint Louis.

En 1769, Louis de Mathan quitta l'ordre de Malte pour se marier, son frère aîné ayant perdu ses enfants en bas âge, et il laissa pour héritier de son nom M. Georges de Mathan, Marquis de Mathan, Pair de France, etc., qui fait l'objet de cette Notice biographique.

Celui-ci, à son tour, laisse à un seul fils, encore enfant, cet héritage d'une longue illustration, à laquelle il a su ajouter lui-même par l'éclat des hautes dignités dont il a été revêtu.

A MONSIEUR

## LE COMTE GEORGES DE MATHAN.

C'est là une bien riche succession qui vous est transmise, mais qui vous impose, mon cher enfant, et vous imposera toujours les plus graves obligations. C'est pour vous porter, je vous le répète, à les remplir un jour avec l'ardeur du zèle le plus actif, que je viens de vous proposer tant de modèles choisis dans votre propre famille, en vous offrant cette liste que j'aurais pu étendre davantage. Oui, aux noms que vous trouvez ici, j'aurais pu ajouter ceux de quelques autres de vos ancêtres, qui ne sauraient être moins recommandables à vos yeux, et qui n'ont pas moins contribué à l'illustration de votre nom par leurs dignités, par leur mérite individuel, et par la manière noble et élevée avec laquelle ils ont su occuper leurs positions diverses. Vous le reconnaîtrez facilement, quand vous serez en âge de feuilleter et d'apprécier vous-même les riches archives de votre antique Maison ; mais j'ai dû vous laisser cette jouissance future, remettre à une autre époque un travail plus étendu, plus circonstancié, et par conséquent, m'arrêter pour l'instant, du moment que ceci est plus que suffisant pour vous faire concevoir, dès maintenant, le généreux projet de ne rien négliger, de faire tout ce qui dépendra de vous, pour vous montrer un jour le digne descendant de tant d'aïeux par votre zèle pour le bien, par votre dévouement à votre pays ; mais, retenez-le bien, vous ne parviendrez à une fin aussi louable, je vous le répète, et je vous le répéterai, si jamais c'est nécessaire, qu'autant qu'à leur exemple, vous saurez être l'homme de votre siècle, et quoique noblement fier d'une origine antique, illustre, autrefois privilégiée, avoir néanmoins et toujours, l'intelligence judicieuse et vraie de votre temps et des hommes de votre temps.

(6) L'Église de Cambes , surtout, ne pourra jamais oublier sa continuelle bienfaisance. Le monument qu'en dernier lieu sa Foi y a élevé , dans le mois de janvier 1840 , y rappellera, à chaque instant , comment et par quelle douce influence il s'efforçait de porter au bien.

(7) Qu'il soit permis de reproduire ici un article de journal qui a paru le 5 août 1840 , et qui n'est qu'un compte-rendu bien fidèle, m'a-t-il été affirmé par des témoins oculaires, de la manifestation des regrets unanimes dont les populations de St-Pierre-de-Semilly, La Barre, St-André-de-l'Épine et St-Georges-d'Elle ont environné la tombe de M. le Marquis de Mathan.

On nous écrit de St-Lo , à la date du 5 août 1840, disait un des journaux de Caen, la *Publicité :*

« Une des communes de notre arrondissement
« vient d'être témoin d'une de ces cérémonies
« religieuses et funèbres, qui prouvent de quelle
« profonde reconnaissance les populations hono-
« norent la mémoire de ceux qui ne se sont ja-
« mais complu qu'à faire le bien. On aime à
« voir ainsi se manifester ces sentiments émi-
« nemment sociaux , dont viennent de se mon-

« trer animés les habitants de St-Pierre-de-Se-
« milly, de St-André-de-l'Épine, de St-Georges-
« d'Elle et de la Barre-de-Semilly.

« Vivement émus à la nouvelle de la mort de
« M. le Marquis de Mathan, Pair de France, Ma-
« réchal-de-camp, Commandeur de l'ordre royal
« de la Légion d'honneur, Chevalier de l'ordre
« royal et militaire de St-Louis, ils se sont em-
« pressés de se rendre à Semilly, samedi 1er août,
« pour lui rendre les derniers devoirs. Rassem-
« blés devant le château, dès 8 heures du ma-
« tin, ils ont attendu, sans impatience, jusqu'à
« midi, l'arrivée du char funèbre, qui rappor-
« tait de Paris la dépouille mortelle de leur bien-
« faiteur. Un nombreux clergé, accouru des é-
« glises voisines, s'était transporté jusqu'aux li-
« mites de la commune. De là, après les priè-
« res usitées, le cortége, précédé des quatre
« croix des paroisses que comprend l'ancien
« Marquisat de Mathan, s'est dirigé, avec toute
« la gravité d'une véritable douleur, vers l'église
« de Semilly, où il n'est arrivé qu'à une heure
« et demie. Sur les épaules de douze des plus
« notables habitants, s'élevait un brancard sup-
« portant le cercueil, orné de tous les insignes
« de la Pairie. Des deux côtés s'avançait la garde

« nationale, jalouse de rendre à l'illustre défunt
« les honneurs militaires dus à son rang. Les cor-
« dons du poële étaient tenus par M. Le Provost de
« St-Jean, M. le vicomte de Tilly, MM. le maire
« et l'adjoint de la commune, accompagnés de
« MM. les curés desservants des quatre paroisses.
« Le deuil était mené par M. le comte d'Héricy
« et par M. le marquis d'Héricy, beau-père et
« oncle du noble Pair. Venait ensuite une foule
« immense qui, par son recueillement, attestait
« combien était sentie au fond des cœurs la perte
« que fait le pays. Arrivé à l'église, qu'ornaient
« de lugubres décorations, enrichies des super-
« bes armoiries de la Maison de Mathan, on a
« déposé le corps dans le chœur ; une messe so-
« lennelle a été célébrée par M. le curé de St-
« Pierre-de-Coutances, ancien desservant de Se-
« milly ; puis, est venue la triste cérémonie de
« l'inhumation, et à trois heures et demie la
« tombe s'était refermée sur un descendant de
« ces anciens seigneurs de Mathan, dont la filia-
« tion remonte, d'une manière authentique,
« jusqu'au XI$^e$ siècle.

« Noble héritier d'aïeux célèbres par leurs em-
« plois, leurs dignités, leurs services, leurs al-
« liances et leurs immenses bienfaits envers les

« églises et les pauvres, M. le Marquis de Ma-
« than que la mort vient de frapper dans sa 69e
« année, a su marcher comme eux dans la même
« voie, et se montrer digne, en tout, de l'anti-
« que illustration de sa Maison. Toujours animé
« de l'amour du bien public, il n'a jamais am-
« bitionné, dans les diverses fonctions qui lui ont
« été confiées, dans les hautes dignités dont il a
« été revêtu, que le glorieux privilége d'être uti-
« le. Aussi est-ce par les nobles qualités du cœur
« qui le distinguaient, par son dévouement absolu
« à la chose publique, et par ses continuels bien-
« faits, qu'il a mérité cette estime générale,
« cette considération universelle, ces homma-
« ges unanimes d'une population entière, pré-
« cieux héritage qu'il lègue à son jeune fils. »

www.ingramcontent.com/pod-product-compliance
Lightning Source LLC
Chambersburg PA
CBHW051127050726
47594CB00003B/993